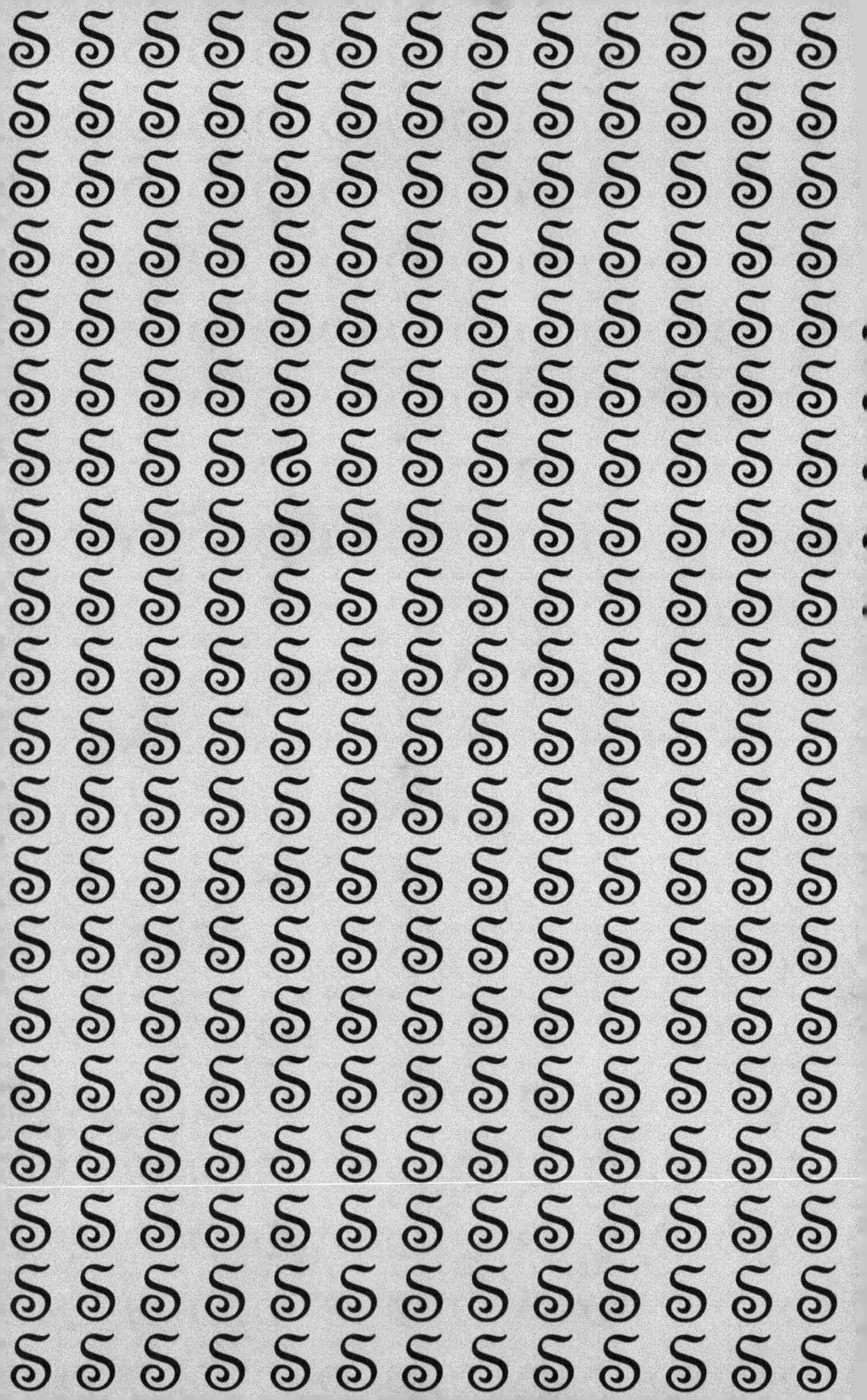

Duelo
Proceso
Privado y Social

Duelo
Proceso
Privado y Social

Ivonne Ahlers M.

Rigoberto Marín C.

Alicia Muñoz A.

Editorial Segismundo

S

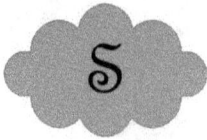

© Editorial Segismundo SpA, 2014-2021

Duelo: Proceso Privado y Social
Ivonne Ahlers, Rigoberto Marín & Alicia Muñoz
Colección Psicología, 1

Primera edición: Abril 2014

Versión: 2.3

Copyright © 2014-2021   Ivonne Ahlers Moreno,
Rigoberto Marín Catalán &
Alicia Muñoz Ayala

Contacto: Juan Carlos Barroux <jbarroux@segismundo.cl>
Edición: Juan Carlos Barroux Rojas
Diseño gráfico: Juan Carlos Barroux Rojas
Ilustración de la portada: Edvard Munch
Muerte en el Cuarto del Enfermo

Registro Propiedad Intelectual N°
ISBN-13: 978-956-9544-92-7

Advertencia legal:

Otras ediciones de

Duelo: Proceso Privado y Social:

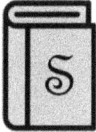

Impreso en Chile
ISBN-13: 978-956-6029-96-0

Tapa Dura – Amazon™, etc.
ISBN-13: 978-956-6029-95-3

POD – Amazon™, EBM®, etc.
ISBN-13: 978-956-9544-92-7

eBook – Kindle™, Nook™, Kobo™, etc.
ISBN-13: 978-956-9544-93-4

Dedicatoria

"Este libro está dedicado a todos los estudiantes y docentes de las Carreras del área de la Salud, a quienes invitamos a abordar el proceso de duelo por pérdidas significativas, desde la perspectiva educativa en el pre- y postgrado. Del mismo modo, esperamos que su contenido pueda ser de gran ayuda para todas aquellas personas que han experimentado el profundo dolor que significa la pérdida de un ser querido. Es una invitación a reflexionar sobre esta temática que, tarde o temprano, a todos nos tocará sobrellevar en algún momento de nuestras vidas".

I. ¿Qué es el Duelo?

La Niña Enferma
© Edvard Munch 1885-86

"La muerte es una presencia inquietante en la vida humana, a menudo tratamos de ignorarla, pero todos sabemos que, tarde o temprano, tenemos que morir...
La muerte no puede considerarse como un hecho, más bien como un proceso, que comienza en el momento mismo del nacimiento"

Anónimo

Introducción

Duelo, palabra que tiene su origen en el latín *dolus*, dolor, es la respuesta emotiva a la pérdida de alguien o de algo, y se manifiesta en el proceso de reacciones personales que siguen a una pérdida o a un alejamiento significativo. El duelo puede ser la respuesta a la separación de los hijos en la edad adulta, a la pérdida de *status* o de un rol; también lo es la pérdida del trabajo o ser descendido dentro de una empresa; en estos casos se trata de una pérdida que implica arraigo a un lugar físico y psicológico, significa cambios en las costumbres y hábitos, a la pérdida de identidad que brinda la pertenencia a una empresa, pérdida del proyecto de vida que se había armado alrededor del trabajo, por lo tanto, la persona enfrenta incertidumbre hacia el futuro. También puede referirse a la pérdida de algún órgano o extremidad como, por ejemplo, la pérdida de una pierna tras una amputación o la pérdida del útero con todas las pérdidas psicosociales o secundarias que involucran estas pérdidas físicas.

En esta ocasión nos referiremos al duelo posterior a la pérdida de un ser querido. Sabemos que, en algunos casos, la pérdida de una persona amada es parte inevitable de la vida, por ejemplo, existe gran probabilidad de muerte de aquellas personas que envejecen o que viven en zonas de mucha violencia. Otra de las grandes pérdidas en la vida de una persona, pero en este caso inesperada, es la pérdida de un hijo (*Roccatagliatta*, 2001). Aun cuando sabemos que son experiencias traumáticas y las más dolorosas que vive el ser humano, también sabemos que son parte de nuestro ciclo vital y que, por lo tanto, muy pocas personas, por no decir nadie, escapa a ellas.

"Allí donde hay vida, hay también y de manera inevitable sufrimiento; así como no hay en la tierra luz sin sombra, tampoco hay vida sin sufrimiento."

(F. Torralba, 1994)

Concepto de Duelo

No podemos hablar de duelo sin antes mencionar algunas definiciones ligadas a este proceso (*Bucay, 2001*):

Deudo: se denomina deudo o deudos a aquellas personas que han perdido a un ser querido y que, por lo tanto, están de duelo.

Aflicción: representa las reacciones particulares subjetivas que se experimentan mientras se está en estado de duelo.

Luto: representa los actos, signos y símbolos culturalmente definidos para expresar socialmente el duelo. Usualmente se manifiestan después de la muerte; incluye rituales y comportamientos que son específicos a cada cultura y religión.

A continuación, le invitamos a reflexionar sobre un fragmento de una carta que *Mozart* escribió a sus padres en la que manifiesta su preocupación por el tema de la muerte.

"...dado que la muerte, debidamente entendida, es el verdadero propósito final de nuestra vida, durante años me he ido familiarizando con esta auténtica y valiosa amiga de la humanidad. Gracias a esta actitud mía, la muerte ya no tiene nada de terrorífico, ¡sino más bien de tranquilizador y de reconfortante! La muerte es la clave de nuestra auténtica bienaventuranza. No me voy nunca a la cama sin pensar que (por joven que sea) quizás al día siguiente ya no estaré aquí y, no obstante, ninguna persona de todas las que me conocen podrán decir que en mi trato me muestre malhumorado o triste, y por esta felicidad doy gracias todos los días a mi creador, y la deseo desde el fondo de mi corazón a todos y cada uno de mis semejantes".

Reflexione individualmente respecto al texto presentado. Para ayudarle puede responder las siguientes preguntas:

¿Ha sufrido alguna pérdida significativa en su vida?

_____
_____
_____
_____
_____
_____
_____
_____
_____
_____
_____

¿Cuál ha sido su respuesta desde los sentimientos o pensamientos frente a esa pérdida?

_____
_____
_____
_____
_____
_____
_____
_____
_____
_____
_____

¿Qué ha significado dicha pérdida en su vida?

_____
_____
_____
_____
_____
_____
_____
_____
_____
_____
_____
_____
_____

Frente a una pérdida significativa, ¿cómo ha visto el futuro y en la práctica qué sucedió con usted?

_____
_____
_____
_____
_____
_____
_____
_____
_____
_____
_____
_____
_____

Ahora, lo invitamos a compartir sus respuestas con sus seres queridos.

El establecimiento de vínculos es inherente a la condición humana, por lo tanto, la experiencia de pérdida está insoslayablemente ligada a ella cuando estos vínculos se rompen. No obstante, y como seguramente lo ha comprobado, al compartir la reflexión entre sus seres queridos, cada uno la vive y lo siente de diferente forma, según su propia historia, sus propios valores y modelos de vida.

En lo que sí hay acuerdo universal, es que el duelo representa el estado de pérdida de cualquier ser que es emocionalmente importante y significativo para la persona.

Desde el constructivismo, se concibe el proceso de duelo como una reacción normal frente a una pérdida, en particular frente a la pérdida de un ser querido. Este proceso implica la reconstrucción de todos aquellos aspectos que la pérdida en cuestión, la muerte y toda pérdida significativa en general, rompe la continuidad de la vida de quién sufre la pérdida. En ese caso, el duelo puede entenderse como un proceso mediante el cual se intenta restablecer dicha continuidad. El duelo es considerado como un síndrome, ya que la persona puede presentar diferentes signos y síntomas (*Neimeyer, 2002*).

En las puertas de la Eternidad
© Vincent Van Gogh - 1890

"Duelo... Dolor total... nada se le iguala, dolor biológico... duele el cuerpo, dolor psicológico... duele la personalidad, dolor social... duele la sociedad y su forma de ser, dolor familiar... duele el dolor de otros, dolor espiritual... duele el alma. En la pérdida de un ser querido duele el pasado, duele el presente y especialmente duele el futuro. La vida en su conjunto duele".

(Montoya, 1998)

Los Procesos de Duelo en los Adultos

Lea atentamente el siguiente testimonio de una persona tras recibir la noticia de la muerte de su pareja:

"A partir de ese momento, mis recuerdos se confunden, tengo imágenes sueltas, fotogramas que no sé si pertenecen a mi historia real, si son delirios o son robados a otros. No lloré, tardé mucho en poder llorar. Recuerdo que fui al quiosco a comprar tabaco, hacia veinte días que no fumaba, fue lo único razonable que recuerdo haber hecho. Ni siquiera estoy seguro que fuera razonable. Quería salir de allí, y sólo pensé en comprar tabaco. Volví al hospital. Allí estaba el grupo de amigos. Yo no podía hablar, no recuerdo haber hablado con nadie. No recuerdo siquiera haber pensado. Sólo había una sensación de vacío e imágenes a mi alrededor, que mi memoria no podía registrar; imágenes nebulosas que no recuperaré nunca.

De aquel momento, sólo queda una extraña sensación de vacío, la caída en un pozo extremadamente doloroso y nadie que pudiera sacarme de allí".

Para entender el proceso del duelo y cómo éste afecta a las personas, es necesario hacernos la siguiente pregunta: ¿Cómo llegamos a ser quienes somos?, sólo de esta forma podemos comprender mejor los efectos tan dramáticos que una pérdida puede tener para la persona que experimenta la pérdida. No podríamos hablar de la muerte y el duelo, sin hablar de la vida y de nuestra comprensión de la misma. Cuando se escuchan los testimonios de quienes han sufrido pérdidas de seres queridos, y su relato es tan diferente uno de otro, nos podemos dar cuenta de que la realidad no es única, ni igual para todos, sino que varía en función de cómo cada uno la percibe y la construye para dar sentido a lo que le sucede. Es decir, frente a este mismo proceso cada persona tiene formas distintas de concebirlo, de explicarlo, de sentir, de pensar y de comportarse. La importancia que se atribuye a lo que le sucede a las personas no depende tanto del acontecimiento en sí mismo, sino del significado que tiene para cada uno (*Rando, 1993; Attig, 1996*).

Es importante considerar que en el ámbito del proceso del duelo y del sufrimiento humano, cada persona experimenta un duelo y un dolor particular, diferente de otro individuo. Es necesario contextualizar la muerte y el proceso de duelo en función de las etapas de la vida en que se encuentre el ser humano que sufre la pérdida del ser querido, como también de las diferentes culturas, dado que según las propias pautas de éstas, la valoración y formas de expresión del duelo, difieren considerablemente.

El proceso del duelo es una reacción normal tras una pérdida, es el proceso mediante el cual se produce la adaptación a la pérdida y la reconstrucción del significado adquiere un papel central en este proceso. La duración y la intensidad del duelo depende de muchos factores como son: tipo de muerte (esperada o repentina, apacible o violenta), de la intensidad de la unión con el fallecido, de las características de la relación con la persona perdida, entre otros (*Botella, 2000*).

Como hemos señalado, el duelo es un conglomerado de emociones que deben ser entendidas como el intento de dar significado a nuestra experiencia. En el siguiente capítulo, se abordará el estudio y entendimiento del duelo considerando sus fases o etapas, las acciones o tareas que debe emprender el sobreviviente, la elaboración y tiempos del proceso del duelo.

II. Proceso de Duelo

"Cuando te pido que me escuches
Y empiezas a darme consejos,
No has hecho lo que te he pedido.
Cuando te pido que me escuches
Y empiezas a decirme que no debiera sentirme así,
Estás ignorando mis sentimientos".

(Jacobsen, 1997)

Dolor inconsolable
© Ivan Kramskoy - 1884

Cuando escuchamos a las personas relatarnos sus historias, acerca de algo que les ha sucedido, nos damos cuenta que su realidad es única, y que varía en función de cómo cada uno la percibe y la construye para dar sentido a lo que le sucede.

Si usted ha tenido alguna experiencia de vida relacionada con pérdida de un familiar cercano u otras personas significativas, escriba a continuación aquellos aspectos que para usted fueron importantes frente a dicha pérdida.

_____
_____
_____
_____
_____
_____
_____
_____
_____
_____
_____
_____
_____
_____
_____
_____
_____
_____
_____
_____

Las etapas o fases por las cuales transcurre el proceso de recuperación tras la pérdida de un ser querido, son muy parecidas a las etapas del proceso de cicatrización de una herida hasta llegar a la cicatriz. Las reacciones que se presentan son normales y esperables ante la pérdida de un ser querido, y son comunes a los que se encuentran en estado de duelo. Pueden presentarse de forma simultánea o sólo algunas de ellas por vez, puede haber predominio de una etapa sobre otras o en forma escalonada, pudiendo persistir algunas por un tiempo más prolongado o continuar en la siguiente fase del duelo. La determinación de diferentes etapas del proceso de duelo ha sido muy discutida, no obstante, nos ayuda a entender y ver el duelo como un *proceso*, un camino a recorrer, y no como un hecho puntual o un fenómeno a superar (*Neimeyer, 1996; Neimeyer, 2002*).

Haciendo énfasis en que el proceso de duelo es único y cada persona experimenta un dolor particular y diferente; y con el fin de tener un conocimiento que permita acercarnos a las personas que viven este proceso, presentaremos lo que algunos autores identifican como fases o etapas en este proceso de duelo.

Fases o Etapas del Duelo

George Engel (1964), identifica tres etapas como la forma en que el proceso de duelo avanza para alcanzar una resolución:

1° etapa que se caracteriza por una conmoción inicial y la sensación de incredulidad por parte de la persona ante la noticia de la pérdida.

2° etapa caracterizada por el conocimiento del acontecimiento crítico y la cólera de que haya sucedido.

3° etapa caracterizada por la aceptación de la pérdida y sus consecuencias.

Elizabeth Kübler Ross (1969), desarrolló un modelo de cinco fases, fruto de 25 años de práctica profesional en hospitales con enfermos terminales:

1. Negación: rechazo de la verdad

La primera fase en la que se encuentra una persona cuando experimenta una pérdida (o el enfermo terminal que conoce la proximidad de su muerte) es la de negación y aislamiento. Al doliente le cuesta aceptar la realidad de la pérdida y niega la "realidad" del suceso a la vez que se aísla de su entorno.

2. Rebelión: reconocimiento airado de la verdad

La segunda fase se caracteriza por la cólera y la ira que se despiertan en el individuo cuando se da cuenta de que el acontecimiento crítico ha tenido lugar.

3. Pacto: compromiso con la verdad

La tercera fase considerada como la de negociación con los médicos, con Dios... de modo que la persona intenta establecer pactos con algún ser superior para que se produzca el milagro de la curación.

4. Depresión: abatimiento ante la verdad

Esta fase es caracterizada básicamente por un estado de depresión, el desenlace del suceso se ve como inminente.

5. Aceptación: reconciliación con la verdad

En esta fase se estructura una forma de aceptación, si logra superar la anterior fase.

Según su experiencia, ¿ha podido identificar en su propio relato inicial de este capítulo, algunas de las diferentes fases o etapas propuestas por estos autores?

_____

_____

_____

_____

_____

_____

_____

_____

_____

_____

_____

_____

_____

_____

_____

_____

_____

_____

_____

_____

_____

_____

_____

Explicación de las Diferentes Etapas del Duelo

La primera etapa del duelo, según *Jorge Bucay (2001)*, autor de "El camino de las lágrimas", correspondería a la *etapa de la incredulidad.* La persona va a tener un momento donde estará absolutamente paralizada en su emoción, en su percepción, en su vivencia y lo que va a tener es un momento de negación, de desconfianza, un tiempo de *impasse* entre la parálisis y el deseo de salir corriendo hacia un lugar donde esto no esté pasando, la fantasía de despertar y que sea nada más que un sueño. Esto puede durar, unos minutos, unas horas o días como sucede en el duelo normal. Cuando se consigue traspasar esa etapa de incredulidad no tenemos más remedio que conectarnos con el agudo dolor de darnos cuenta.

La segunda etapa es una explosión dolorosa, llamada *etapa de la regresión.* El dolor de la muerte de un ser querido en esta etapa es como si nos alcanzara un rayo. De pronto nos invade toda la consciencia junta de que murió. La situación nos invade, nos desborda. Es difícil que en esta etapa la persona que está de duelo nos escuche. Está desbordado por sus emociones, absolutamente capturado por sus aspectos más primarios, sin ninguna posibilidad de conectarse, en pleno dolor irracional.

La tercera etapa, luego de tener consciencia de lo que pasó, se llama *etapa de la furia.* Llega esta etapa a veces rápido, otras más lento y a veces en forma disimulada, pero siempre hay un momento en el que nos enojamos. Nos enojamos con aquellos que consideramos responsables de la muerte: los médicos no lo salvaron, el piloto del avión que se cayó, la máquina que se rompió, etc. O nos enojamos con Dios. O, quizás, nos enojamos con la vida. Me enojo con cualquiera a quien pueda culpar de mi sensación de ser abandonado. No importa si es razonable o no, el hecho es que me enojo. La furia tiene como función anclarnos en la realidad, traernos de la situación catastrófica de la regresión y prepararnos para lo que sigue, nos protege por un tiempo más, del dolor y de la tristeza que nos espera (*Lewis, 1994*).

Luego, tarde o temprano, aparece la *etapa de la culpa*. Culparnos es una manera de decretar que yo lo habría podido evitar, una injusta acusación, por todo aquello que no pudimos hacer, por no haberte contado lo que nunca supiste, por no haberte dicho en vida lo que hubiéramos querido decirte, por no haberte dado lo que podíamos haberte dado, por no haber estado el tiempo que podíamos haber estado, por no haberte complacido en lo que podíamos haberlo hecho, por no haberte cuidado lo suficiente, por todo aquello que no supimos hacer.

La quinta etapa es la *etapa de la desolación*, es la verdadera tristeza. Este es el momento más duro del camino. Nos damos cuenta de que las cosas no van a ser como eran. Tomo absoluta consciencia, y tengo la sensación de ruina, como si fuera una ciudad devastada, como si algo hubiera sido arrasado dentro de mí, como si yo fuera lo que queda de una ciudad bombardeada. Esta es la etapa de la tristeza que duele en el cuerpo, tristeza dolorosa y aplastante. No es una depresión, si bien se le parece. La tristeza y el dolor me alejan, para poder llorar lo que debo llorar y preservarme de más estímulos hasta que esté preparado para recibirlos. Luego el proceso de identificación irremediable con el que no está, que empieza cuando me doy cuenta de "en cuántas cosas éramos parecidos" y termina cuando sin darme cuenta empiezo a hacer cosas para parecerme.

La otra *etapa es de la fecundidad*, acción dedicada, acción inspirada. Es empezar a hacer algunas cosas dedicadas a esa persona, con consciencia de que han sido inspiradas por el vínculo que tuvimos con ella. Voy a transformar esa energía ligada al dolor en una acción. Este es el principio de lo nuevo, lograr que mi camino me lleve a algo que de alguna manera se vuelva útil para mi vida o para la de otros.

Si esto se puede hacer se llegará a la *etapa de aceptación*. Aceptación quiere decir dos cosas, la primera es discriminarse de la persona que se murió, separarse, diferenciarse, asumir sin lugar a dudas que esa persona murió y yo no. Quiere decir que el muerto no soy yo. Quiere decir, la vida terminó para ella o él, pero no para mí. La segunda es de interiorización, es decir, me doy cuenta de todo lo que esa persona me dio y de lo que no se llevó con ella, me doy cuenta de que puedo tener dentro de mí lo que esa persona dejó en mí y encuentro que ésta es una manera de tener a la persona conmigo. La discriminación y la interiorización me permitirán aceptar la posibilidad de seguir adelante, a pesar de que como en todas las heridas también quedará una cicatriz, para siempre. Se supera, pero no se olvida. Cuando el proceso es bueno las cicatrices ya no duelen y con el tiempo se mimetizan con el resto de la piel y casi no se notan, pero están ahí.

Compare lo presentado anteriormente, realizando un paralelo de lo expuesto por los diferentes autores y alguna experiencia de pérdida significativa en su vida:

_____

_____

_____

_____

_____

_____

_____

_____

_____

_____

_____

_____

_____

_____

_____

_____

_____

_____

_____

_____

_____

_____

_____

_____

_____

_____

Características del Duelo

Estar vivos es estar constantemente inmersos en experiencias de duelo y representa una dimensión necesaria en la vida (*Poch, 2003*). Se compara la experiencia del duelo con el estar en un túnel. Sólo hay un modo de salir de él: atravesándolo, aceptando la oscuridad para acercarse gradualmente a la luz. El que no atraviesa el túnel, elude el itinerario necesario para volver a entrar en la vida, pospone y prolonga su dolor.

El duelo es un proceso dinámico, la persona que lo vive experimenta momentos altos y bajos, tal como se demuestra en el siguiente testimonio de la experiencia de Javier, tres años después de la muerte de su esposa de 45 años (*Poch, 2003*):

"Es un tanto extraño. A medida que pasa el tiempo (mucho tiempo), empiezas a sentirte un poco bien, cada vez más tranquilo y sereno hasta que algo (o a veces nada en concreto) te trae recuerdos y la tristeza vuelve a aparecer... Y entonces todos te preguntan: "¿Es que no lo llevas bien?". O se dicen entre ellos: "Todavía no lo ha superado". O, peor aún, dicen: "Pobre Javier".

Porque esperan que, una vez que "lo hayas superado", vuelvas a mostrarte alegre y olvides lo que te sucedió. Sin embargo, esto del duelo no es exactamente así. Pasas días buenos y días malos. No es tan distinto de la vida misma, de hecho, es la vida misma. Pero eso no significa que retrocedas o "vuelvas atrás", sino que es un proceso en el que hay momentos mejores y momentos peores. Ahora lo entiendo así, pero me ha llevado tiempo. Cuando empiezas a sentirte bien y el dolor se presenta de nuevo, te asustas, porque crees que llegará a ser tan intenso como lo fue un día. Ojalá alguien me hubiera advertido antes de que el duelo es así".

La Persona Frente al Duelo

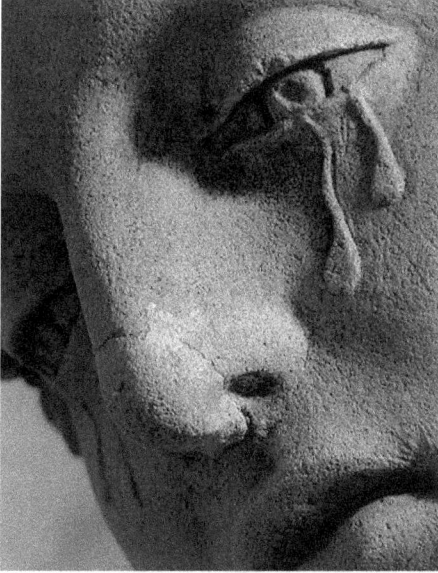

María Magdalena llorando
Sépulcre de l'église Saint-
Martin (Arc-en-Barrois)
© Vassil

"Cuando haces algo por mí, que yo podría hacer por mí mismo,
contribuyes a mi miedo y debilidad.
Pero cuando aceptas como un hecho simple que siento lo que siento,
sin importar cuan irracional sea, entonces puedo dejar de intentar convencerte.
Y puedo continuar la tarea de comprender,
qué hay detrás de este sentimiento irracional.
Y cuando queda claro, las respuestas son obvias y no necesito consejo.
Los sentimientos irracionales adquieren sentido cuando comprendemos que hay detrás de ellos".

(Jacobsen, 1997)

Worden (1997), concibe al doliente como alguien que hace cosas con respecto a su propio proceso, es decir, debe desarrollar diversas tareas para vivir el proceso de duelo.

La *primera tarea* consiste en aceptar la realidad de la pérdida no sólo en el plano intelectual, sino como vivencia, es decir, consiste en asumir que la pérdida es irreversible, lo que lleva su tiempo.

Algunas conductas que se acostumbran son contrarias a esta "aceptación" y parecen mantener la idea de que la pérdida no ha tenido lugar. Este es el caso de personas que lo dejan todo tal y como el fallecido lo dejó, como manteniendo la esperanza de que algún día volverá, o todo lo contrario, de personas que se deshacen de absolutamente todo como forma de no tener recuerdos de aquella persona y no tener que enfrentar continuamente su pérdida. Situaciones que son difíciles, son aquellas que implican no poder ver el cadáver de la víctima, personas desaparecidas a causas de desastres naturales o motivos desconocidos, éstas comparten el hecho de que la persona mantiene la esperanza de que el otro esté todavía vivo.

La aceptación de la pérdida es el paso más difícil. Se percibe una señal de que la persona empieza a aceptar la pérdida cuando la persona empieza a hablar del difunto en términos de muerte o de soledad personal.

Attig (1996), a lo que *Worden (1996)* denomina "tareas", él lo llama "facetas de afrontamiento activo". Para él esta primera tarea es la faceta intelectual y espiritual de la aceptación de que la pérdida ha tenido lugar y de la búsqueda de sentido.

La *segunda tarea* consiste en trabajar con las emociones y el dolor de la pérdida. La resolución de los problemas pasa por la expresión y articulación de las emociones que la persona experimenta. El manifestar las emociones y el dolor parece ser terapéutico en sí mismo y es necesario para continuar con el trabajo del duelo. Algunas veces, gente cercana, amigos, creen que es mejor distraer al doliente, y proporcionan actividades que no le hagan pensar en lo que ha sucedido para que olvide su dolor.

El dolor causado por la ruptura está entremezclado de sentimientos que reclaman su acogida, para lo que hay que: tomar consciencia y llamar por su nombre aquello que se siente; comprender los sentimientos y saber de dónde proceden; aceptar que uno tiene derecho a sentirse así, tal como se siente; expresar verbalmente o con el comportamiento lo que a uno le ocurre, dando lugar al desahogo e integrar lo que se siente como parte fundamental de la experiencia humana.

Attig (1996) plantea que ésta es la faceta emocional y psicológica de afrontar la situación, en la que tomamos consciencia de cuáles son nuestros sentimientos y los expresamos, tanto a los demás como a nosotros mismos.

La *tercera tarea* es adaptarse en un medio donde el difunto está ausente. Las personas que elaboran un duelo suelen relatar que no eran conscientes de los roles que la otra persona representaba en sus vidas hasta que ha dejado de llevarlos a cabo, es la faceta conductual de afrontamiento puesto que implica explorar y adaptarse a los cambios en los patrones de vida en función de la pérdida que ha experimentado. En muchos casos el doliente se encuentra con la doble dificultad de llevar su dolor, a la vez que se ve obligado a desempeñar nuevos roles para los que debe desarrollar nuevas habilidades. La consternación y el abatimiento son reacciones comprensibles, pero el hecho de apartarse del mundo porque uno está herido y ya no existe el ser querido, no beneficia. El superviviente tendrá que afrontar los retos que una vida distinta le plantea.

La *cuarta tarea* implica "buscar", emocionalmente hablando, un lugar para la persona fallecida en la propia vida, que permita la incorporación de nuevas relaciones. Esta idea sería contraria a la de aquellas personas que expresan que se aíslan de los demás y no desean implicarse emocionalmente en otras relaciones por el dolor que supone perder a un ser querido.

Quien se ha quedado herido rechaza cualquier tipo de implicación por temor a que su relación con otras personas represente una deshonra para la memoria del difunto o por el temor que una relación nueva pueda terminar con otra pérdida. En realidad el corazón herido se cicatriza abriéndose a los demás. Cuando una fuente de amor se agota, el reto consiste en orientar las propias potencialidades humanas y en donarse hacia otras causas.

Attig (1996) dice que ésta es la faceta social, ya que la persona debe encontrar una nueva manera de relacionarse con el ser querido y acomodar dicha pérdida para que no impida la implicación activa en otras relaciones.

Elaboración del Duelo

Según *Jorge Bucay (2001)*, un duelo ha sido elaborado cuando la persona es capaz de pensar en el fallecido sin el dolor intenso. Cuando es capaz de invertir sus emociones en la vida y en los vivos. Cuando puede adaptarse a nuevos roles. Cuando, aunque sea por un instante, experimenta gratitud. Sin embargo, aún en ese momento queda algo más para los duelos: una post-cicatrización; porque el que elabora, no olvida la pérdida después de terminado el proceso de duelo.

Cuando llega el cumpleaños del que se fue, el aniversario de bodas, el cumpleaños del nieto, la Navidad, en cada uno de esos momentos se revive la historia y la cicatriz enrojece apenas y hasta vuelve a doler un poquito. Se trata de las "reacciones de aniversario" o bien "el recuerdo de la cicatriz", porque todo sucede como si no fuera sino el recuerdo de la cicatriz que me recuerda el pasado. Si bien es cierto que cada año las cicatrices hablan en voz más tenue, a veces pasa mucho tiempo hasta que dejan de recordarnos lo perdido.

¿Cuánto dura un duelo normal? ¿Existe un tiempo normal de duelo? La literatura señala que sí y los pacientes dicen que no. La verdad es que si existe un tiempo, pero éste es tan variable y está sujeto a tantas circunstancias que, de todas maneras, es impredecible.

Cada Uno tiene sus Propios Tiempos

Pero sí existen tiempos mínimos. Pensar que alguien pueda terminar de elaborar el duelo de un ser querido en menos de un año es difícil. El primer año suele ser un doloroso catálogo de estrenos de nuevos duelos, y cada uno de esos estrenos opera como un pequeño túnel del tiempo... por él uno vuelve una y otra vez a la vivencia pasada. Aunque por suerte, cada vez sabe más del camino de retorno. El primer mes es terrible, los primeros seis meses son muy difíciles, el primer año es bastante complicado y después empieza a hacerse más suave (*Jorge Bucay, 2001*).

Por lo dicho anteriormente, un duelo por la muerte de un ser querido nunca podría durar menos de un año, y posiblemente, si algo no lo interrumpe, no dure mucho más allá de dos años y medio.

III. Tipos de Duelos

"No llores sobre mi tumba;
Yo no estoy allí. No estoy dormido.
Soy un millar de vientos que soplan.
Soy el diamante que brilla en la nieve.
Soy la luz del sol sobre el trigo maduro.
Soy la suave lluvia del otoño".

Anónimo

Duelo Profundo
Zentralfriedhof, Vienna
© HeinzLW

El proceso de duelo es una reacción natural, normal y esperable. No es una enfermedad y no significa sufrir una depresión, aunque las reacciones de las personas sean similares, como por ejemplo, trastornos del sueño, trastornos alimentarios o sentimientos intensos de tristeza. Sin embargo, cuando un duelo no ha sido "bien elaborado" puede convertirse en un duelo complicado.

Lo que distingue el duelo normal del anormal es la intensidad y la duración de las reacciones en el tiempo. La naturaleza ha dotado a las personas de mecanismos de defensa que les permiten enfrentarse a la angustia y elaborarla, afrontando situaciones difíciles y controlando las reacciones emocionales; éstos sirven para atenuar o evitar el dolor y para sobrevivir a la pérdida. Los mecanismos de defensa más comunes son el rechazo (donde se evita que nos hablen o informen sobre temas relacionados con la muerte, las pérdidas y el duelo), la represión (se excluyen de la conciencia los pensamientos, recuerdos y deseos amenazadores y dolorosos), la racionalización (implica tener razones lógicas y socialmente aprobadas respecto de la pérdida significativa), el aislamiento (se reduce el grado de compromiso emocional en las situaciones que podrían ser desilusionantes e hirientes), la regresión (se vuelven a utilizar pautas de reacción ya superadas o aprendidas en etapas anteriores del desarrollo del duelo), la somatización (la persona desarrolla una respuesta fisiológica como una forma de no hacerse consciente de otros aspectos referentes al duelo) y la identificación (intento inconsciente por recrear en sí mismo la presencia del fallecido) (*Poch, 2003*).

Es útil y eficaz usarlos de manera adecuada, pero si su uso es excesivo, se hacen rígidos y condicionan a la persona bloqueándola, retrasando o distorsionando su proceso de crecimiento.

Los tipos de duelo que se han descrito (*Brusco, 1997*) son los siguientes:

1. *Duelo anticipado*: Indica las fases anticipadoras del duelo que facilitan el alejamiento-separación emocional antes de que se dé la muerte. Lo viven los enfermos y sus familiares, sobre todo en el caso de enfermedades irreversibles o de estados terminales. Ayuda a tomar consciencia de lo que está ocurriendo, a liberar los propios estados de ánimo y a programar el tiempo frente a la muerte inevitable. A las personas implicadas permite la oportunidad de compartir sus sentimientos y prepararse para la despedida.

2. *Duelo retardado*: La reacción aplazada se muestra en aquellas personas que en fases iniciales del luto parecen mantener el control de la situación, sin dar signos evidentes de sufrimiento. En algunos casos es la preocupación por ayudar a familiares y atender a las diversas necesidades, exigidas por las circunstancias, que no les deja tiempo para ocuparse de sí mismas. También aquellas personas que se vuelcan en actividades frenéticas para no tener que pensar en lo que ha sucedido, pueden experimentar el duelo diferido; después de meses o años, basta un recuerdo o una imagen para desencadenar el duelo no resuelto que llevan dentro de sí.

3. *Duelo crónico*: Es una situación que dura años. El deudo está absorbido por recuerdos constantes y es incapaz de volver a insertarse en el tejido social. Si siempre se está fantaseando sobre el pasado no se tiene tiempo para el presente; la persona se encuentra ocupada por entero en su relación con quien ya no existe. El dolor crónico no disminuye con el paso del tiempo y cubre toda la existencia cotidiana con un velo de incomprensión e insatisfacción.

4. *Duelo patológico*: En estos casos, la reacción ante la pérdida o los mecanismos de defensa puestos en acción son tan intensos que la persona debe recurrir a la ayuda profesional y terapéutica. El dolor patológico encuentra su expresión en el agotamiento nervioso, en síntomas hipocondríacos, de identificación con el fallecido, o en la dependencia de fármacos o del alcohol. La persona se ve sobrecogida por la gravedad de la pérdida y sus equilibrios se quiebran.

IV. Resolución del Duelo

La Magdalena Llorando
© The National Gallery,
London

"Tras la muerte de nuestro hijo, Jaime se metió mucho en su dolor, se fue para adentro. Yo era más extrovertida. Me daba permiso para vivir mi dolor y me encerraba en el baño a llorar y a darme cabezazos. Jaime no se permitió eso. Además, yo era muy protectora y me empecé a preocupar de mi mamá y de mi suegra. Me volqué más para afuera"
Paola Papi,
madre de Rodrigo Anfruns

Predecir cuanto tiempo le tomará a un individuo completar el proceso del duelo es difícil pues algunos podrán hacerlo en unos meses, mientras que para otros se requerirán años. Existe una creencia común de que el duelo deberá estar resuelto al año. Mientras que algunos individuos ya pueden estar normalmente funcionando en el primer aniversario de la muerte, muchos otros no lo estarán. A menudo, el apoyo y acompañamiento de familiares y amigos disminuyen al cabo de un año, a pesar de que el individuo puede continuar afligido por mucho más de un año. Además, el deudo puede sentirse confundido al pensar y sentir que "no lo está haciendo bien", que está "deprimido", que "quería demasiado", que es "más débil, nervioso o enfermo mental" pues "él no se siente tan bien como se sienten otros o como debería sentirse según los demás le dicen" (*Montoya, 1998*).

Aunque la mayoría de los deudos habrán resuelto el duelo dentro del primer año después de la pérdida, la reconstrucción de significados (de la realidad, sentido de la vida y personalidad) puede requerir tanto como 3 a 4 años para su resolución total. El duelo no se resuelve simplemente por dejar de llorar, debe matizarse. La resolución de la fase aguda del duelo -aflicción aguda- puede durar entre 1 a 3 meses, con efectos mínimos a los 6 meses, en cambio la resolución total del proceso del duelo requiere más tiempo.

Así, aún cuando consideremos la resolución del duelo como un fenómeno que ocurre dentro de un período de tiempo circunscrito, los hallazgos sugieren que se trata de un proceso continuo y variable, no necesariamente sujeto a un espacio de tiempo rígido y absoluto, y que puede requerir tanto como 3 a 4 años. En general, puede decirse que el duelo ha sido resuelto cuando el doliente ha cumplido las diferentes etapas del duelo. La duración del duelo es siempre variable y dependiente de factores particulares que influyen en la respuesta individual a la pérdida. Los síntomas más intensos del duelo agudo pueden durar entre 6 y 12 meses, pero se conocen procesos que necesitan 3 años y más. Hay aspectos de la pérdida que acompañan al doliente para siempre o del duelo mediato, que se prolongan durante años y a veces hasta su muerte. El tiempo es terapéutico porque da una perspectiva, ayuda a resituar los hechos, adaptarse al cambio y procesar sentimientos. Sin embargo, que "el tiempo todo lo cura", "sólo se necesita tiempo", "con el tiempo el dolor es menor", sólo es cierto si se toma el duelo como un trabajo, se afronta la pérdida sin negarla, ni inhibirla o posponerla y se atraviesa el dolor sin evitarlo o circunvalarlo. Hay dos signos concretos de recuperación: Que el doliente pueda hablar y recordar al ser querido con naturalidad, tranquilidad, sin llorar y que haya establecido nuevas relaciones significativas, haya recuperado el interés por otras actividades y acepte los retos de la vida.

V. ¿Cómo ayudamos a una Persona en Duelo?

Noticias de Sevastópol
© Charles West Cope - 1875

"La muerte de mi madre ha sido lo más difícil que me ha tocado vivir en la vida. Se me derrumbó todo y como que uno no tiene en qué afirmarse. Mi familia se disgregó, mis amigos no me llaman, ni me invitan a sus fiestas, sólo mis vecinos del barrio conversan conmigo..."

Felipe Infante

Lea en forma individual el siguiente testimonio de Rigoberto, el cual relata lo sucedido después de sufrir la pérdida de su madre:

"Recuerdo que después de una semana de haber fallecido mi mamá tras una larga enfermedad terminal, mi familia paterna me invitó a un almuerzo en la casa de mi abuelita. Era un día domingo, en pleno invierno, pero curiosamente había un sol maravilloso. A medida que almorzábamos, fui recordando anécdotas y dichos de mi mamá, así como las últimas palabras que me dijo antes de morir. Me dio mucha pena. Mis familiares me miraban seriamente y noté una expresión de dolor en sus rostros. Una de mis tías me dijo: "tienes que ser fuerte" y otra agregó: "no pienses más en eso, porque ahora debes pensar en ti y en tu esposa". Escuché estos consejos y pensé: "no tengo fuerzas para ser fuerte y no quiero ser fuerte y tampoco puedo anular mis pensamientos y recuerdos de mi madre..."

Considerando el testimonio descrito, reflexione respecto de las siguientes preguntas:

¿Qué fue lo menos apropiado de "hacer" o de "decir" en esta situación, pues no ayudó a Fernanda en su momento de dolor?

_____

_____

_____

_____

_____

_____

_____

_____

_____

_____

¿Qué fue lo más adecuado de "hacer" o "decir" en la situación descrita? ¿Qué contribuyó a que Fernanda se sintiera reconfortada y acogida en su dolor?

_____

_____

_____

_____

_____

_____

_____

_____

_____

_____

Considerando la opinión y experiencias de los demás, elabore una lista de las cosas "menos" apropiadas que se deberían "hacer" o "decir", cuando queremos acompañar o ayudar a una persona que ha perdido a un ser querido.

_____

_____

_____

_____

_____

_____

_____

_____

_____

_____

_____

_____

_____

_____

_____

_____

_____

_____

_____

A continuación, le presentamos una serie de recomendaciones respecto a lo apropiado y no apropiado en cuanto a "qué decir" o "qué hacer" al momento de acompañar de mejor forma a una persona que está viviendo el proceso del duelo (*Montoya, 1998*). Analice esta información y reflexione sobre el sentido que tienen estas sugerencias.

No se Recomienda...

Hacer o decir lo siguiente cuando queremos ayudar o acompañar a una persona que ha perdido un ser querido:

a) Inhibir la expresión de sentimientos y obligar a la persona que ha sufrido la pérdida a asumir un papel determinado según los criterios propios de otra persona.

Es importante reconocer que los consejos "no piense más en eso", "piense en los demás", "no se preocupe", "tiene que ser fuerte", "no llore que no lo va a dejar ir o no lo va a dejar descansar", son pueriles, ingenuos, imposibles de lograr y no ofrecen ningún apoyo a la persona. Debemos dejar que la persona tenga sentimientos perturbadores sin tener la sensación de que nos están defraudando. Además, se deben respetar las diferencias individuales en la expresión del dolor y en la recuperación del mismo.

b) Salir huyendo ante la mínima expresión de sentimientos dolorosos.

Permitir y animar la expresión de los sentimientos de dolor y tristeza por la pérdida del ser querido son uno de los factores claves en la ayuda a las personas que han tenido pérdidas. Así, debemos estar atentos y escuchar el dolor, la tristeza, la rabia, la frustración, la soledad y todos los otros sentimientos que acompañan a la aflicción. Además, será necesario tener listos los hombros, los brazos y el pecho como consuelo para sostener la existencia de aquella persona que ha tenido una pérdida significativa.

c) Decirle a la persona que ha sufrido la pérdida lo que tiene que hacer como si uno fuera él que está sintiendo el dolor.

En cosas de dolor, como el dolor que produce la pérdida de un ser querido, el deudo es el experto y es precisamente él quien deberá hablar y no nosotros (recuerde que "duelo que no se habla es duelo que no se cura"). Además, no sugiera qué hacer, hágalo usted mismo.

d) Decir "sé cómo se siente".

Recuerde que cada persona experimenta su dolor de una manera única y nadie como ella sabe cómo se siente; muestre su comprensión ("entiendo que debe sentirse mal") e invite a la persona a que comparta sus sentimientos, si es su deseo. No de "por su puesto" que los conoce. Recuerde que lo importante no es lo que usted diga sino lo que permite que la otra persona le diga; una escucha comprensiva es la actitud más apropiada. Frases como "los caminos del Señor son insondables" y otras parecidas, sólo convence a la persona de que no nos preocupamos lo suficiente por entenderla.

e) Decirle "llámame o ven a mi casa si te sientes muy mal o necesitas algo".

Cuando uno se siente tan mal no suele tener ganas de llamar por teléfono o arreglarse para ir a visitar a otros, así, este tipo de ofrecimientos indefinidos suele declinarse y se pierde la ayuda ofrecida. No espere a que el deudo busque ayuda, tome la iniciativa y visítelo o llámelo.

f) Sugerir que "el tiempo cura todas las heridas".

Debido a que el tiempo que domina la experiencia del duelo durante los primeros seis a doce meses es el tiempo subjetivo (es decir, la vivencia personal e intransferible del paso del tiempo cronológico), esta conocida sentencia no suele cumplirse durante este primer período. Sabemos que las experiencias alegres acortan la vivencia subjetiva del paso del tiempo mientras que las experiencias tristes y dolorosas (tiempo del duelo) alargan la sensación de paso del tiempo. Así, en un tiempo de duelo es normal tener la sensación de encogimiento o alargamiento del paso del tiempo dependiendo del estado de ánimo de la persona en un momento determinado (recuérdese la experiencia emocional de montaña rusa del duelo).

g) Ante la demanda de ayuda, delegarla en otros.

Nuestra presencia, interés y preocupación genuina es lo que marca la diferencia en situaciones como ésta. No tiene que pensar que tiene que decir algo, lo importante es que esté allí, así sea sin decir nada.

h) Intentar que la persona se dé prisa en superar su dolor.

El trabajo del duelo requiere tiempo, paciencia y no puede hacerse en un plazo de tiempo fijo. Cada persona tiene su propio tiempo y velocidad y las prisas son malas compañeras de viaje. El animar a la persona a "ocupar su tiempo" es una buena estrategia "por momentos" (se utilizan mecanismos de evitación y distracción), pero recuerde que estas estrategias no solucionan el problema, lo aplazan, quizás para un momento en que la persona se encuentre sola. No intente cubrir con otras cosas lo que usted puede hacer con su presencia.

i) Retirar de la vista de la persona toda información referente al duelo, al dolor, la pérdida, la aflicción y el luto.

Es importante reconocer que la primera tarea en el duelo es la educación en duelo, es decir, informarse sobre lo que a uno le está pasando, de esta forma sabrá qué hacer y qué no hacer.

j) Aislar a la persona de su familia y fomentar o crear indisposición mutua

El duelo es un "asunto de familia" y es precisamente la familia, la institución más importante para la recuperación de la pérdida de un ser querido. Así, deberá contribuir a que el apoyo y la comunicación efectiva de la familia sean los instrumentos más efectivos que faciliten la recuperación.

k) Desentenderse de la persona en duelo.

Debido a que el proceso del duelo es largo y toma su tiempo, las personas se suelen agotar de prestar su apoyo y consuelo o suponen que "ya es suficiente" (según su propio criterio de tiempo) y van dejando de lado a la persona con el agravante de la pérdida añadida de compañía y consuelo. Dosifique su ayuda según los criterios que entre usted y la persona afligida acuerden y, en la medida en que pueda, no interrumpa bruscamente su apoyo. Preocuparse por una persona afligida también significa prestar atención a la presencia de reacciones anormales o distorsionadas del duelo y animar a la realización de todas las actividades necesarias para la promoción, mantenimiento de la salud y prevención de enfermedades durante este difícil período en la vida de la persona.

l) Rechazar cualquier tipo de grupo de terapia de duelo.

Una de las personas más adecuadas para ayudar a otra en duelo es precisamente otra persona en duelo, que ya ha avanzada un poco más por el difícil y doloroso camino de la recuperación. Este tipo de ayuda se obtiene precisamente en los grupos de auto-ayuda o ayuda-mutua, cuyos beneficios terapéuticos son reconocidos a nivel mundial.

Lea atentamente el siguiente testimonio de Pablo, el cual relata lo sucedido después de sufrir la pérdida de su abuelo.

"Cuando tenía 17 años, uno de los peores recuerdos que tengo fue la muerte de mi abuelo. En mi casa todos andaban en silencio y cada uno se encerraba a llorar en su habitación. Yo tenía un grupo de amigos formado por Pedro, Juan y Diego. Recuerdo que para mí, los días eran eternos y sin sentido. Pasaba tardes enteras hablando de mi abuelo y Pedro siempre me escuchaba atento y sin interrupciones hasta que terminara. Juan me llamaba a mi casa por teléfono casi todos los días para conversar un rato acerca de cómo me sentía. Diego me pasaba a buscar dos veces a la semana para participar en un taller de teatro que se estaba realizando en la sede social de mi barrio. Al recordar esta situación, he pensado en el valor de la amistad y del diálogo, puesto que fue lo que me ayudó dentro de todo mi dolor a sobrellevar mi nueva realidad..."

Considerando el testimonio descrito, reflexione sobre las siguientes preguntas:

¿Qué fue lo más adecuado de "hacer" o "decir" en la situación descrita? ¿Qué contribuyó a que Pablo se sintiera reconfortado y acogido en su dolor?

_____
_____
_____
_____
_____
_____
_____
_____
_____
_____
_____

¿Qué fue lo menos apropiado de "hacer" o de "decir" en esta situación, pues no ayudó a Pablo en su momento de dolor?

_____
_____
_____
_____
_____
_____
_____
_____
_____
_____
_____

Considerando la opinión y experiencias de los demás, elabore una lista de las cosas "más" apropiadas que se deberían "hacer" o "decir", cuando queremos acompañar o ayudar a una persona que ha perdido a un ser querido.

_____

_____

_____

_____

_____

_____

_____

_____

_____

_____

_____

A continuación, les presentamos una serie de recomendaciones respecto a lo apropiado de "qué decir" o "qué hacer" cuando acompañamos a una persona que está viviendo el proceso del duelo. Analice esta información y reflexione sobre el sentido que tienen estas sugerencias.

Sí se Recomienda...

Hacer o decir lo siguiente, cuando queremos ayudar o acompañar a una persona que ha perdido un ser querido:

a) Leer e informarse de todo lo relacionado con el duelo, la aflicción y el luto.

De esta forma la ayuda será más efectiva. Además, deberán mantenerse abiertas las puertas de la comunicación. Si no sabe qué decir, pregunte: "¿Cómo ha estado hoy?", "¿Cómo va el día?"

b) Mantener los oídos atentos para escuchar el dolor, la tristeza, la rabia, la frustración, la soledad y todos los otros sentimientos que acompañan a la aflicción.

Intente escuchar un 80% del tiempo y hablar sólo un 20%. Hay muy pocas personas que se toman el tiempo necesario para escuchar las preocupaciones más profundas de otros.

c) Permita y anime la expresión de los sentimientos de dolor y tristeza por la pérdida del ser amado, sin salir huyendo ante la expresión de los mismos.

Establezca un contacto físico adecuado (por ejemplo, poniendo el brazo sobre el hombro del otro o dándole un abrazo cuando fallan las palabras) y aprenda a sentirse cómodo con el silencio compartido en lugar de intentar hablar para animar a la persona. Además, sea paciente con la historia de la persona que ha sufrido la pérdida y permitirle compartir sus recuerdos del ser querido.

d) Terapia de "hombros", "brazos" y "pecho".

Preste, indefinidamente y mientras sea necesario, sus hombros, brazos y pecho como consuelo para sostener la afligida existencia de la persona que ha sufrido una pérdida significativa.

e) No espere a que el deudo busque ayuda, tome siempre la iniciativa visitándolo o llamándolo.

Puede también ofrecer ayuda concreta con las tareas de la vida cotidiana. Lo importante sigue siendo estar ahí.

f) La institución más importante para recuperarse de la pérdida de un ser querido es la Familia.

Contribuya a que el apoyo y la comunicación de la familia sean los instrumentos más efectivos que faciliten la recuperación por la pérdida del ser amado.

g) Todas las personas no reaccionan igual ante la muerte de un ser querido.

Respete las diferencias individuales en la expresión del dolor y en la recuperación del mismo.

h) Duelo que no se habla es duelo que no se cura.

Esté atento a la presencia de reacciones anormales o distorsionadas del duelo.

i) Si existen factores de riesgo de un proceso de recuperación, consulte a los especialistas en duelo.

Anime la realización de todas las actividades necesarias para la promoción, mantenimiento de la salud y prevención de enfermedades durante el duelo.

j) Promueva la formación de nuevos vínculos.

Una vez alcanzada la recuperación, anime y colabore en el establecimiento de grupos de autoayuda en su vecindario.

Analice el siguiente testimonio con sus seres queridos considerando lo aprendido hasta este momento:

"En mi memoria está el día del funeral como una película, como si estuviera sentada en una butaca de una sala de cine, donde me veo como protagonista. Así como estoy ahora. En ese momento cuando lo viví yo también estaba fuera, lejos, tratando de no sentir dolor, ¡No quería que nadie me compadeciera!, ¡Quería alegría!, ¿Por qué tristeza? me preguntaba. Y trataba de convencerme ¿Qué es mejor?, mi hijo ahora no sufre dolor, es un alivio, ¡al fin descansó! ¿Tengo yo derecho a querer que siga conmigo? En qué condiciones.

Un alma tan pequeña se debe ir con alegría, y eso traté.

Habíamos tenido con mi esposo tres meses de luchas, esperanzas, fe y aceptación de lo que vivíamos. Luego de su partida, quisimos irnos de vacaciones, a vivir juntos y solos esta pérdida; ahora recuerdo paisajes, frío, nieve, tristeza, desesperanza, incluso llegué a cuestionarme acerca de qué significado tenía en ese momento vivir. Luego vino una lenta recuperación, poco a poco todo recobró sentido, tenía una hija por quien seguir adelante, teníamos un proyecto en común; queríamos tener más hijos; y lo hicimos con mucha fe sin pensar, en ningún momento que se podría repetir la enfermedad sufrida por mi hijo mayor.

Me pregunto: ¿Se puede olvidar un hijo, o un familiar que fue parte de tu vida? Creo que la aceptación, no es olvidar.

Ahora, al recordarlo, luego de tantos años, se siente nuevamente el dolor de esa cicatriz.

Duele a lo mejor lo que no pudo ser. Duele el sufrimiento del momento.

Duelen las culpas sentidas. Duele crecer y madurar.

Duele el despertar a una nueva vida. Duele porque fue parte de mi ser.

Reflexionando, creo que en mi vida existe un antes y un después de; cambió mi visión de la vida, todo fue diferente, cambié yo como persona, nos unimos como matrimonio y comenzamos a realizar nuestro proyecto de tener una gran familia.

Ahora con mis cinco hijos ya adultos, doy gracias a Dios y a la vida, por lo sucedido. Fue necesario, se comprende a la distancia y todo adquiere un real significado"

(Alicia Muñoz A.)

VI. Bibliografía

1. *Attig, T., (1996) How we grieve: Relearning the world, Nueva York, Oxford University Press.*
2. Botella, L. y Herrero, O. (2000a). *"A relational constructivist approach to narrative therapy", European Journal of Psychotherapy, Counselling, and Health, n°3,* págs. 407-418.
3. Brusco, A. (1997). El acompañamiento del enfermo terminal. Hospital Clínico. Universidad Católica de Chile. Santiago de Chile. 11-14 agosto de 1997.
4. Bucay, J. (2001). El camino de las lágrimas. Editorial Sudamericana. Del nuevo Extremo.
5. *Engel, G. (1964). Grief and grieving. American Journal of Nursing, n°64,* págs. 93-98.
6. *Jacobsen, F.W., Kindlen, M. y Schoemark, A. (1997). Living through loss: A training guide for those supporting people facing loss. Londres, Bristol, PA, Jessica Kingsley Publishers.*
7. *Kubler-Ross, E. (1992). On death and dying. Nueva York, Macmillan.*
8. *Lewis, C.S. (1994).* Una pena en observación, Barcelona, Anagrama.
9. Montoya, J. (1998). El Duelo. Biblioteca Básica de Tanatología.
10. *Neimeyer, R.A., Botella, L., Herrero, O., Pacheco, M., Figueras, S. y Werner-Wildner, L.A. (2002). "The meaning of your absence: traumatic loss and narrative reconstruction", en J. Kauffman (comp.), Loss of the Assumptive World: A theory of traumatic loss, Nueva York, Bruner-Routledge.*
11. *Neimeyer, R.A. y Stewart, A.E. (1996). "Trauma, healing, and the narrative emplotment of loss". Families in Society, n°77,* págs. 360-375.

12. Poch, C. Y Herreo, O. (2003). La muerte y el duelo en el contexto educativo. Ediciones Paidós Ibérica.

13. *Rando, T.A., (1993). Treatment of complicated mourning, Champaign, IL, Research Press.*

14. Roccatagliatta, S., Un hijo no puede morir, Santiago, Grijalbo.

15. Torralba, F. (1994). *L'eternitat de l'instant.* Lectura de Nietzsche. Lleida, Pagés, pág.83.

16. *Worden, J.W. (1996). Children and grief: When a parent dies. Londres, Guilford Press.*

17. *Worden, J.W. (1997).* El tratamiento del duelo: asesoramiento psicológico y terapia. Barcelona, Paidós.

VII. Trayectorias

Ivonne Ahlers M.

Cuando tenía 5 años de vida muere mi madre, recuerdo claramente el día que se la llevaron, con uno de mis hermanos la despedimos y vimos su intensa y triste mirada, creo que ella sabía que no volvería. Luego, recuerdo esa gran caja de madera, en medio de la sala de casa, mi padre me toma en sus brazos y la veo, dormida plácidamente, sólo me dijeron "la mamá se fue al cielo", no tengo noción del tiempo, luego una blanca carroza tirada por caballos son los últimos recuerdos de su partida, luego viene la soledad, sentimiento incomprensible.

Por muchos años me acompaña esa sensación de pérdida, de una pérdida sin sentido, una sensación de algo inconcluso. Es eso exactamente lo que me motiva trabajar este tema, algo que no se conversa fácilmente, algo para lo que nadie está preparado, ni para vivir la pérdida ni para ayudar a otros.

Rigoberto Marín C.

Ese año fue uno de los más difíciles de mi vida, ya que hubo muchos cambios: Contraje matrimonio con Julia, me cambié de casa y de trabajo, y mi madre falleció de un cáncer pulmonar. Su muerte marcó un antes y un después en mi vida y por primera vez me sentí un huérfano en este mundo. Mi esposa comenzó a estudiar un postgrado y yo ingresé a un diplomado donde realicé un trabajo cuya temática desconocida para mí fue el proceso de duelo por pérdida de un ser querido. El estudio significó momentos de dolor, pero también de alegría porque sentía que la sanación se acercaba. Nació mi hija Fernanda, quien me acompañó durante mis estudios de magíster en Educación. Después de finalizarlo, nació mi segunda hija Francisca y poco tiempo después ingresé como académico de la Escuela de Medicina de la Universidad de Chile. Comencé a realizar docencia de pregrado en comunicación interpersonal, ética y un curso de formación general llamado *Duelo por pérdida de un ser querido* que hoy se llama *Duelo en los Profesionales de la Salud*. He aprendido mucho de mis estudiantes y ellos de mí.

Alicia Muñoz A.

De profesión Enfermera, chilena de nacimiento y de sentimiento, lo comparto con Venezuela país donde nacieron y crecieron mis cinco hijos, período del cual tengo hermosos recuerdos. Me casé al finalizar el segundo año de la Carrera de Enfermería, en tercer año me fui a Venezuela con mi hermoso primer hijo nacido en Chile, de dos meses de edad, acompañando a mi esposo. Marca nuestra vida el fallecimiento de nuestro primer hijo cuando tenía cinco años de edad. Después de 16 años decidimos volver a nuestro país de origen y por diversas circunstancias resuelvo estudiar nuevamente la carrera de Enfermería. Uno de los objetivos era poder ayudar a personas que vivían situaciones de pérdida de seres queridos. En el transcurso del desempeño de mi profesión me especializo en Geriatría y Gerontología para enfermeras, luego ingreso al área docente período en el cual estudio y profundizo en Educación, de allí surge este libro que espero sea de real ayuda para todas aquellas personas que han sufrido el dolor de perder un ser querido.

Tabla de materias

Colofón

Este libro se imprimió mecánicamente, no sabemos dónde ni cuándo, por algún robot dedicado a la impresión bajo demanda. Por lo tanto, nos es imposible indicar cuántos ejemplares han sido producidos a la fecha ni cuántos lo serán en el futuro. Esperamos que se haya usado papel Bond blanco y una tapa de cartulina polilaminada a color, con una encuadernación rústica mediante *hotmelt*. Por lo menos estamos seguros de haber usado la tipografía *Book Antigua*, en varios tamaños y variantes, para la mayoría de su interior.

Ψ

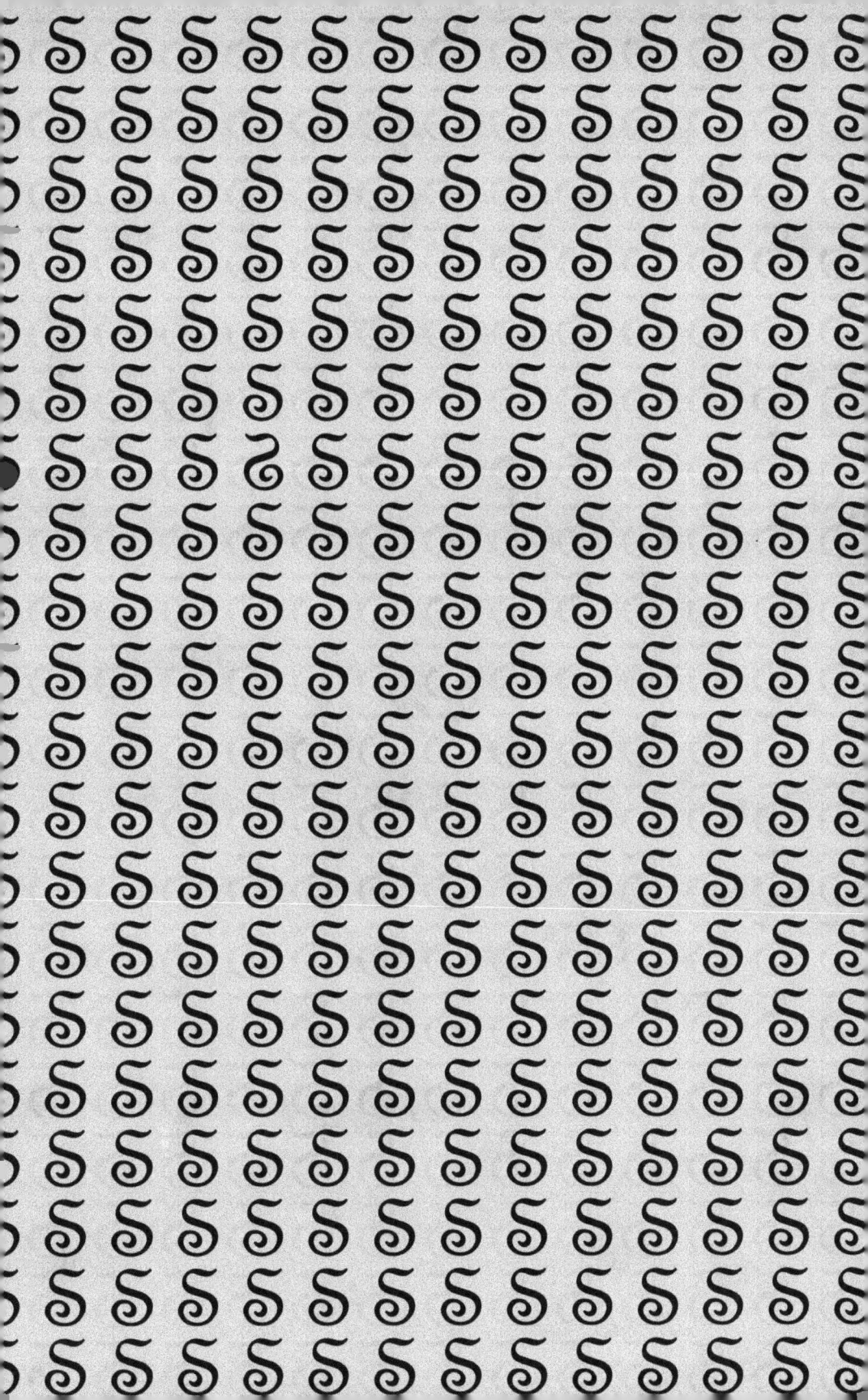

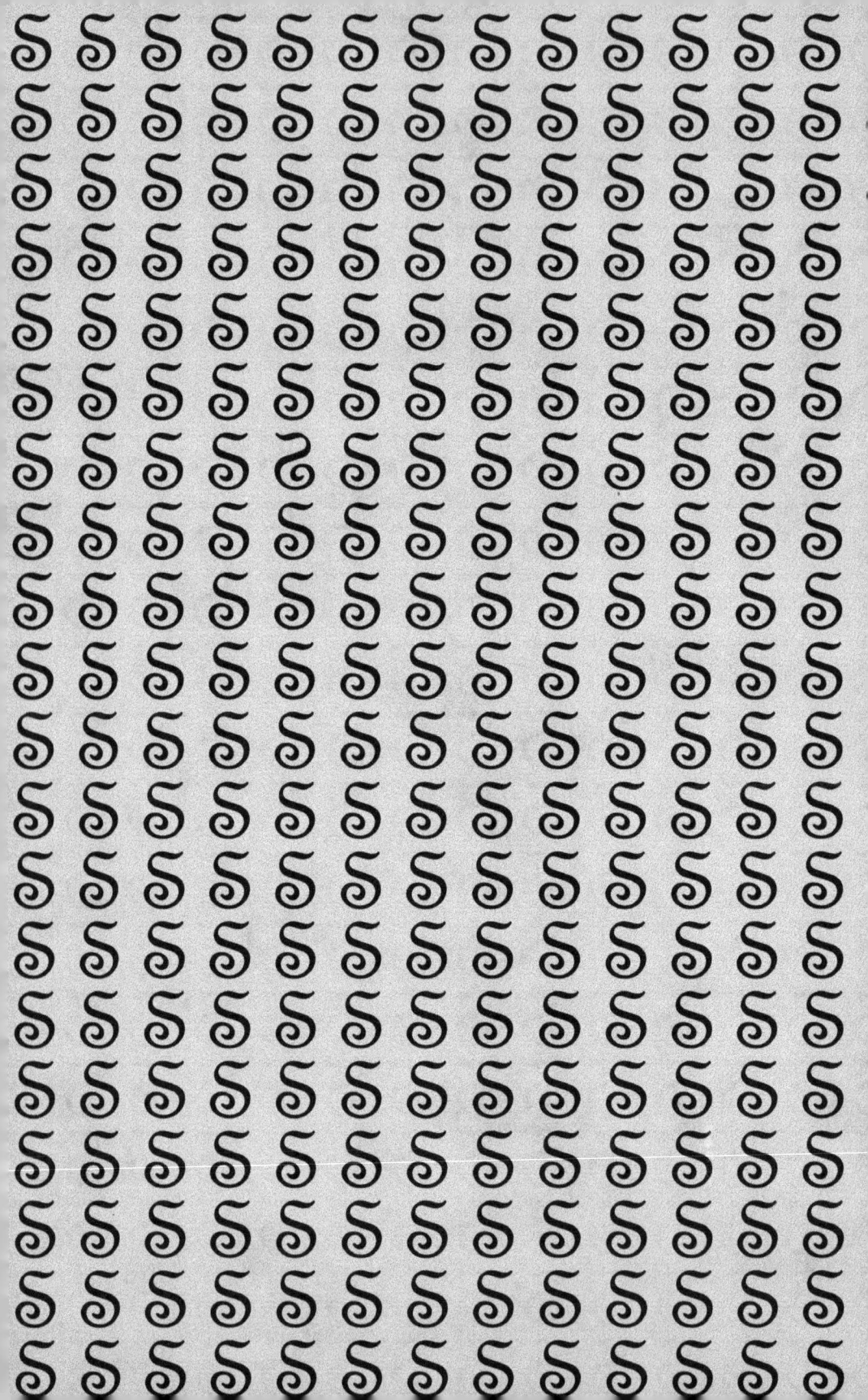